아라가야 연꽃

백지영 시집

백지영 시집

아라가야 연꽃

지은이 백지영
펴낸이 최명자

펴낸곳 책펴냄열린시
주소 부산광역시 중구 동광길 11, 203호
전화 051 464 8716
출판등록번호 제1999-000002호
출판등록일 1991년 2월 4일

인쇄일 2015년 6월 12일
발행일 2015년 6월 15일

©백지영, 2015. Busan Korea
값 8,000원

ISBN 978-89-87458-90-8 03810

• 저자와 협의하여 인지를 붙이지 않습니다.
• 잘 못된 책은 바꿔 드립니다.
• 이 책의 내용 중 일부 또는 전부를 저자 및 출판사의 동의 없이 사용하지 못합니다.

국립중앙도서관 출판예정도서목록(CIP)

아라가야 연꽃 : 백지영 시집 / 지은이: 백지영. -- 부산 : 책펴냄열린시, 2015
p. ; cm

ISBN 978-89-87458-90-8 03810 : ₩8000

한국 현대시[韓國現代詩]

811.7-KDC6
895.715-DDC23 CIP2015014752

ㅁ시인의 말

살아오면서 소중했던 인연의 꽃을
유리화병에 정갈히 담아 놓고
생각날 때면 한 번씩 들여다 본다

인연과 함께
시와 그림이 어우러진 생을 살면서
사람들의 가슴 속에
영원히 각인될 아름다운 시 한편
남기는 것을 평생 소원하며
오늘을 살고있다

절대적이고 유일한 내 존재의 의미가
글 속에 녹아 들 수 있도록 노력하며
평범한 삶의 보편적인 느낌을
문학에 아름답게 담아 낼 수 있는 꿈을 꾸어본다.

–을미년 초여름
해운대 서재에서

아라가야 연꽃

한 잔의 커피

내 걸어온 길은 문신이 되어
지워지지 않는 추억이
숲속 낮은 음악이 되어 흐른다
한 잔 검은 그림자에 담긴
깊은 하늘을 음미하며
뒤 돌아 보아지는 눈물과 함께
사라져버린 시간을 마신다
함께했던 사람들도 잔 속에서
지나온 길을 추억하며 걸어가고
오늘 마시는 이 한 잔도 어쩌면
과거로 지나간 시간 속에서
어둠과 같이 묻힐 것이다

서해

드넓은 뻘밭은
괴로운 시인이 토해놓은 푸념이다
바지락이 모여 사는 한진포구에
밀물이 어깨를 겨누고
나란히 정겹게 달려 온다
멀리서 서해대교가 위용을 자랑하며
바다 위에 길게 드러누워
세상을 관조하고 있고
흐린 하늘은 짜증을 내며
우울한 기분으로 가득 차 있다
깊은 바다의 품은
응어리진 시인의 가슴을
안아주는데 인색함이 없다.

죽녹원

늦여름이 떠나는 소리
죽녹원 대숲을 흔든다
빛이 장난을 치는 모양에
댓잎은 어린 아이가 되어
개구쟁이같이
빛을 튕겨내며 뛰어 다니고
대마디는 쓸쓸히
속비운 마음을 대에 의지하고
의연히 서있다
대숲 길을 따라
추억이 구름과 함께
느긋이 걸어가고
해마다 초록의 유혹은 여전하다.

자연

보릿단이 넓은 들판에
한 무더기씩 꿈을 안고
세워져 있는 풍경은
한 편의 아름다운 詩다
높은 하늘과
가장 가까운 땅
티베트 시가체로 향하는 길엔
멀리 있는 산들이
모두 다른 색의 옷을 입고 있다
하늘이 색칠을
산마다 선명하게 칠해 놓아
신기하고 경이로운
지구에서 가장 높은 땅
걸어가는 티베트인의 표정은
맑은 하늘이 되어
움직이는 자연풍경으로 함께 있다.

독립기념관

암울한 시대의 서사시
핍박과 멸시는 처절하고
희생자들은 모여
기념관을 유영한다
힘 없는 자의 노래
원망 없이 사라져간
어둠 속 원혼들의 상처는
기념관으로 모여 시선을 받고
상상할 수 없는 과거는
눈으로만 느낀다
그들의 행동은 절규였고
지금 우리는
그들이 흘린 피로 평온을 디디며
오늘을 생활하고 있다.

달빛 길

달은 매일 문텐로드를
산책하며 깊은 사색을 하고
해운대를 달빛 품으로 끌어 들인다
잎에서 낮은 소리로
나무들이 계속 노래하고
숲속 향기는
머릿속을 청결하게 한다
바다는 숲길과 오랜 친구되어
넓게 펼쳐져 있고
함께 고락하며 평생을 살고 있다.

아방가르드

외로운 영혼들이
삭막한 겨울을 받아 들였을 때는
모든 것은 형체도 없이 사라졌다
그대들은 참으로 용감하여
꿈을 몸 전체로 그렸으나
디디고 설 땅이 없다
화가는 공중에 떠 있고
대지를 밟지 못한다
기존예술 세계에
거세게 피 흘리며
우둔한 세인들의 외면을 보았다
경직된 사고의 틀을 날려 보내고
그림은 자유를 향한다.

지리산

모든 것들을 어둠이 가져가고
고요만 남았다
어미 꾀꼬리는
새끼 꾀꼬리에게 어둠을 가르키고
새끼 꾀꼬리는
노래를 반복 연습한다
어미 꾀꼬리의 노래는
기교가 넘쳐 하늘을 흔들고
음을 자연스럽게
굴리고 꺾는다
산 속의 새는 그렇게 살고
도시 사람들은
광란의 노래 부르며 산다.

화가 백남준

그는 죽어 땅에 묻히지 않고
비디오 속으로 들어갔다
하늘에서 떨어지는 레이저 광선은
보는 이의 영혼을 씻어주고
비디오 조각 모음의 형태는
우리의 마음을
한 곳으로 쏠리게 한다
예술가는 세상을 바꾸고
사람을 바꾸고
없는 것에서 있는 것으로 변화 시키는
위대한 바람이며
위대한 태풍이다.

용문사 석공들

석공들의 땀이 강을 만들고
이하강은 오랜 세월을 삭히며
소리없이 흘러가고 있다
향산의 암벽 따라
벌집처럼 늘어선
크고 작은 용문 석굴 안에는
시간과 허무가 빚어놓은
불상과 불탑이
강을 내려다보며
사색하고 있다
석공들은 이제 영혼이 모여
용문산과 향산을 오가며
오늘도 그들이 빚어놓은
암벽을 지키고 있다.

홍석협곡

여러 산이 둘러 쌓여
깊숙이 좌중하고 있다
외부의 공기와 흐름은 멈추어 서고
기이한 모양의 붉은색 바위마다
세월이 지나간 주름이 깊이 패였다
나이를 자랑하는
좁고 긴 골짜기의 홍석협곡
닳고 닳은 몸 위를
수없이 지나가는 발자국 견디며
의연한 자태를 지키고 있다.

여행

산은 미동도 않고
조용히 안으로 명상하며
묵은 때를 씻어내고
깨끗한 흰색 옷을 입고 있다
중국 운대산의 운무는
한 폭의 동양화로
움직임 없이 있고
그 속에 있는 사람도
그림 속으로 들어갔다
맑지 않고 흐려서 좋은 날씨
솜이불 덮고 있는 나무가
이불 밖으로 자유롭게
손가락 발가락을
하나씩 내놓고 있다.

한가위

식구들 모여 화사한 웃음으로
만드는 송편도 없는
도시의 한가위는 고요하다
하루가 고달프고
사는 일이 힘들어
달만 두둥실 떠올라
저 혼자 둥글게 둥글게
춤추며 놀고 있다
아프고 힘들어도
둥글게 살아 보라고
어두운 밤길 작은 골목까지
달의 미소를 보내고 있다.

화가 헨리 밀러

그림 전체가
말을 걸어오는 것은
생에 대한 찬미 뿐
어느 한 곳에 취하기 위하여
그림을 그린다
생의 희열을
색깔과 형태로 마무리하고
한 숨 돌리며 쉬고 있다
그리고 나서 또
큰 소리로 외치고 노래하고
춤을 추면서 그림에 날개를 단다
화려한 색채가 넘쳐흐르고
헨리 밀러는 그림 속에서 잠든다.

거리의 예술가

노상에서 그을은
구리빛 팔과 손으로
열심히 가난을 연주하고 노래부른다
앞에 놓인
동전 몇 개 담긴 그릇은
행인을 바라보며
애절한 눈빛을 보내고
사람들 무심히 생각없이 지나간다
연주는 허공을 향하고
그 노래 소리는
가로수 나무가 삼켜 버린다.

어느 날

평화롭던 작은 섬 연평도는
눈물이 바다가 되고
어제의 그물을
오늘은 던지지 못한다
꽃게 잡는 꿈을 버리고
떠나기 시작하는 사람들
그래도 꿋꿋이 섬을 지키는
여인 한 사람 있다
분노의 하늘을 부여잡고
섬에 버티고 서 있다
아름다운 작은 섬은
화가 난 하늘을 바라보고
외로움은 안으로 삼키고
성난 파도만 만들고 있다.

낙안읍성

댓돌 위에 올려진 신발들이
따스한 온기 나누며
서로 엉켜 붙어있다
성안의 초가집은
고향의 따뜻한 가슴이 되고
한적한 좁은 골목길을
바람이 유유히 걸어간다
사라지고 없는 세월이
타임머신 타고 가까이 다가와
몸을 감싸고 과거에 묻혀있다
성벽 밖의 들판은
싱그러운 녹색으로 편안하게 드러누워
흘러가는 구름하고
눈을 같이 맞춘다.

소망

내 안에는 아마도
벌판을 거침없이 달리던
기마민족의 유전자가 있을 것이다
바람을 가르며
야생화 들판을 지나
끝없는 지평선을 향하여
달려본다
그러다가 낙조를 만나면
지는 해와 함께 쓰러져
기울어지는 해에
붉은 구름과 함께
어디론지 방향도 모를 곳으로
함께 흘러가 보고 싶다.

밤의 꽃

낮 세상은 관심 없고
달님에게만 정을 주는
밤에만 피는 빅토리아 연꽃이
함양군 함양읍 상림공원 안
연꽃 단지에 터를 잡았다
애절하게 먼 거리에서
밤하늘을 쳐다보며
달님과의 사랑을 한다
손바닥은 크게 펼쳐서
달을 안고 있고
꽃은 활짝
분홍 웃음 머금고 있다.

능선

불회사를 등에 업고 있는
덕룡산 능선은
유연함을 자랑하고 있고
전통 사찰의 향기
자연과 하나 되어 자리 잡으며
의연히 좌중하고 있다
도반 지어 함께 정진함을 자랑하는
낮은 굴뚝은
예쁜 맵시로 앉아있고
풍요로운 마음으로 밥을 짓는다
잃어버린 오랜 날들의 그윽함이
자연과 함께하며
반듯하게 일어서는 아름다움을
단청으로 그려 놓았다.

걱정의 무게

게으름이 그늘에 모여있고
의욕을 버린 지친 삶은
로카찬타 파고다를
더욱 무더위로 몰아간다
600톤 옥의 무게로
좌중하고 있는 불상은
유리 속에 갇혀서
깊은 시름에 잠겨있다
중생을 구할 간절함에
자세 하나 흩트리지 않고
고민의 무게를 안고 있다
기원하고 기원해도
풍요의 날은 멀리 잇고
가난은 오늘도
하루에 매달려 떨어지질 않는다.

와불

긴 속눈썹의 매혹적인 눈매로
누워서 반기는 차욱타지 와불은
화려한 의상속에 나신을 감추고
아래를 내려다보며 인사한다
그곳 사람들 같이 드러누워
편안히 휴식하고
여행객은
와불의 눈 유혹에 벗어나질 못한다
보리수 나뭇잎이 반기며 손 흔들고
여유로이 걸어가며 쳐다 본 하늘엔
흘러가는 구름이 자유롭다.

청정지역에서

시인의 마음은
살아온 날들이 반짝일 때까지
호수 수면을 자꾸 닦는다
녹색의 비단이 되어버린
테카포 호수는
깊은 가을로
발걸음을 옮기고 있다
그리운 사람들이
그리워지는 계절
멀리 떠나와도 뒤 따라온다
청정한 곳에서 느꼈던 추억은
추억도 깨끗하게 가슴에 남고
별들은 많이 모여
서로의 빛을 자랑한다.

카우리 나무

오랜 세월동안
서로가 부대끼며 살아 온 숲
살아도 그만 죽어도 그만인 하루가
이젠 수천 년 동안
숲에 대한 사랑이 되었다
지나간 많은 날들의 슬픔으로
가지가 어제를 버리고 부러졌다
살아서 수천 년
죽어서 수만 년 썩지 않고
하늘을 바라보며
버티고 서 있는 외로움
천천히 살고 천천히 사라져
외로움을 안으로 삼키고
정처없이 떠나는 바람을 바라보며
많은 손 흔들고 있다.

거울호수

내 마음을 들여다보며
생각에 젖어 있다
숲이 속삭이며 가까이 다가오고
새들이 말을 걸어온다
살아가면서 아련히
멀어졌는 인연들의 기억
다시 호수 속에 담아 본다
그저 무심히 지나치고 말았는
수많은 날들의 회한
뒤 돌아보는 날들이
여기 거울호수에
숨소리 하나 없이 잠겨있다.

*거울호수 : 뉴질랜드에 있는 호수

미얀마 정원

과거와 현재가 어깨를 겨누고
나란히 호흡하는 도심 속에
가슴 시원한 호수는
우거진 나무를 정겹게 바라보고 있다
동방의 정원은 열대나무 숲으로
황금대탑 쉐다곤 파고다와 어우러져
바라보는 영혼이 눈부시다
높은 탑 끝에는 부처가 있어
아래를 굽어 살피고 있고
때 묻지 않은 공기는
욕심 가득한 부끄러운 마음을
청결하게 다듬어 준다.

살아간다는 것

가난에 힘 든 석양이
어설픈 색깔 비추며
달라섬에 내려앉고 있다
자전거에 평생을 걸고
두 바퀴 페달을 돌리는 하루가
오늘도 남루하게 지쳐있다
아무 생각 없이
피곤의 물을 마시고 있는 나무는
그늘로 말을 대신하고
바람은 나뭇잎에 걸터앉아
숨 가쁜 몸을 쉬고 있다.

빙하

밀포드 사운드에 고인 눈물을
주위의 설산이 감싸안고
아직은 못 다한 사랑
세월이 되어 계속 흘러내린다
발자국 없는 원시의 산은
아무도 돌보지 않고
저 혼자 꿋꿋이
외롭게 살아가고 있다
빙하가 제 몸을 녹이며
만들어 내는 거대한 호수엔
시리도록 푸른 슬픔이 고여 있다.

과거를 비추는 등불

삶이 요동치는
미얀마의 차이나타운 밤거리는
목소리가 춤을 춘다
서글픈 생활의 고단함이
어제를 희미하게 비추고
길을 따라 떠나온 여행은
서글픈 골목을 돌아다니고 있다
그대들의 목청 돋군 고함소리는
희망에 닿아있어도
오늘은 언제나 변한 것이 없다.

갈대

강가에 서면 서걱이는 갈대는
오늘도 노을과 함께
노래를 흘려보낸다

아득히 떠나가는 소리의 여정
어디쯤에서 멈추어 설지

바람이 스산하게 불어오면
이 생각 저 생각에 머리 숙이고
사색에 깊이 빠져있다.

팔찌

인도 바라나시에는
가난을 외치는 소리
동물 소리와 함께 시끌벅적하다
눈길 한 번에
양쪽 팔에 희망 가득 끼우고
계속 따라 온다
그녀의 팔엔
하루 세끼 식사가 끼워져 있고
가족의 생활이 매달려 있다
유난히 크고 번쩍거리는 팔찌를
몇 개 골라 본다
금방 애절한 눈빛 없어지고
사람들 속으로 사라져 갔다.

노산

거대한 대륙 한 쪽에
위용을 자랑하며
높이 솟아 좌중하고 있다
저 멀리 아스라이
바다가 기웃거리며 얼굴 내밀고
존재의 모습을 드러낸다
나무 사이사이 숨어있는 사람 향기
자연에 같이 묻히고
계단 높이 오르는 희망은
하늘의 색을 닮아 있다
떠다니는 발걸음은 자유를 향하고
마음은 먼저 정상에 올라섰다.

일출

조용히 다가오는 갠지스 강의 해는
온 몸을 감싸 안는다
강물은 지금 정적속에 갇혀 있고
어제의 삶은 눈을 감았다
새벽을 걸치고 가던 가난이
발걸음 멈추고
차가운 강물에 씻기어
지나간 날의 참회와 함께
깨끗하고 단단해질 것이다
이제 강을 떠날 시간이다
추억 속의 갠지스 강을
영원히 가슴 속에 죽음처럼 품는다.

발바닥

인생의 무게를 디디며
또 하루를
땅 밑으로 흐르는 물이 되어 살고 있다
대지마다 탯줄처럼 연결되어 버티고
잊혀진 사람들은 모두 낙엽이 되어
다른 길을 가고 있다
허허로운 늦가을 들판 가득
세월이 드러누워
피곤한 발을 휴식하고
나무들은 이미
옷을 반은 벗어 버렸다.

화가의 시계

다시 시간을 돌려 놓아도
언제나 그리움은
저만치 먼저 가고 있다
화가 달리의 늘어진 시계는
세상을 무기력하게 해도
추억은 다시 왔다가
떠나기를 반복한다
과거가 무너지는 순간이
화가의 그림에 매달려있고
초연한 현실은
시공을 달리 한다.

보행

태양은
숨 막히는 소용돌이 속에서
희망을 찾아 솟아 오른다
거대한 세상의 근원으로 떠올라
눈부신 밝음으로 생활의 어두움을
그림자 뒤에 숨기고
외로움 무게 달고
또 하루를 버티기 시작한다
어제까지의 모든 것은 사라지고
깊은 호흡하며 앞으로 앞으로만 걷는다
불안한 보행에
추억의 흔들림이 있다.

섬

태평양 바다 위에 상반신을 드러낸
오키나와 섬의 물빛은
유혹을 멈추지 않고
몸을 흔들며 파도를 만들어 내고 있다
물의 에메랄드 색은
마음 속 깊이 가라앉은
그리움을 건져 올리고
끊이지 않는 대화를 하게 한다
가야국의 다섯 왕자가 와서
류큐 왕국을 세웠다고
전해지는 이야기는
오랜 세월을 품은 바다가 들려주고
걸어가는 이곳 사람들의 얼굴은
우리와 왠지 낯설지가 않다.

괴테 생가에서

괴테 생가 정원을 만났다
그의 열정적인 삶의 숨결은
곳곳에 흙으로 묻혀있고
괴테의 고독이 우리를 반기며
정원에 꽃으로 피어나 미소짓고 있다
끝없는 연민이 글로써 승화되고
나무 냄새 그윽한 서재의 책상엔
괴테가 열심히 원고지에
마음을 담고 있다
열정과 슬픔과 애증이
책이 되어 나란히 누워 있고
시대를 뛰어넘는 그대는 위대하다.

양평 수종사

그림 한 폭에 담긴 수종사는
오늘도 오래 묵힌 세월을
다기 속에서 부풀리며
시간을 우려내고 있다
운길산 숲은 명상을 하고 있고
찻잔에서 만나는 차향에
흐트러진 마음을 반듯이 세운다
우주가 멈추고 모든 것이
정지된 정적뿐인 지금
욕심 많은 산 아래 세상 버리고
저 멀리 소리 없이 흐르는 강은
쓸쓸한 가슴을 두 팔 벌려 감싼다.

갠지스 강

희뿌연 구름 사이로
지난 밤 행사의 번잡함은 사라지고
강이 조용히 떠오르기 시작한다
흐르는 물의 침묵은 감동으로 전해오고
멀리 떠나와 위대한 물에 손을 담근다
삶과 죽음이 같이 있는 곳
흔들리는 배에 몸을 싣고
유유히 물결 따라 같이 흔들려 본다
강가에는 전날 밤 버려진 가난이
바람에 같이 날리고
물에 떠내려간 영혼도 같이 날린다
생의 허무가 느껴지는 이곳에서
말없이 흐르는 강물에 연민을 느낀다.

화가 세라핀

고단한 삶의 무게는 보이지 않고
끊임없는 탐구와 열정이
그를 그림으로 끌어 들인다
남의 집 허드레 일로 생계를 유지하며
고흐와 같은 열정으로
신화와 문학의 한 부분을
캡쳐하여 그린 그림
억척스럽고 순박한 시골 여인의 그림은
날아오르고 숨 쉬는 자연은
깊은 사랑과 고집이 모여
그림이 되어 있다
그녀의 눈에는 그림만 들어있고
붓에는 집념이 끈끈히 묻히어
몸 속에는 그림만이 숨을 쉬고 있다.

바라나시

갠지스 강으로 향하는 바라나시는
기원을 위한 긴 행렬로 가득하고
노상인들은 희망을 소리높여 흥정하고 있다
멀고도 먼 곳에서 걸어와
갠지스 강에 차거운 물로 목욕하고
구석진 잠자리를 찾아
길에서 몸을 말아 가난을 덮고
영원을 향한 아름다운 꿈을 꾼다
갠지스 강변 화장터엔
불꽃이 춤을 추고
시신이 타는 슬프디 슬픈 영혼은
공중에 가득 날아다닌다
다음에 태워질 시신은
밤 공기 속에서 어제의 생을 버리고
계단에 비스듬히 누워있다
삶과 죽음이 함께 머무는 곳
그 강에 염원의 촛불 띄워
먼 곳 가게 한다.

선운사 동백

긴 겨울 침묵하다가
대지와 탯줄로 연결되어
우주를 태동으로 느껴
핏빛 절규로 꽃을 피운다
절절한 기도는 목탁소리와 함께 있고
절터는 등 뒤로 동백의 열정이 만발하다
숲과 어우러진 동백의 명상
선운사도 깊은 생각에 잠겨 있고
절정을 치솟는 흐드러진 동백은
사찰의 그리움 담고
하늘을 향해 붉은 시선 머문다.

철학자의 길

네카강을 내려다보며 걷는
철학자의 길은
강도 나무도 사색을 하고 있다
언젠가 세상살이가 지겨워질 때
여기 네카강에 와서 흐르는 물이 되자
바람에 머리카락 쓰다듬는
번민하는 도시인이여
철학자의 길에 와서
사색의 잔을 들어라
흔들리는 푸른 나뭇잎에게
정처없이 떠도는 구름에게
사색의 잔을 권한다
헤에겔, 야스퍼스, 괴테여
사라지고 없는 사람도 살아있는 시인도
함께 부를 수 있도록
아름다운 철학을 노래하라
인생도 아름답고 詩도 아름다운 것을
고뇌하는 삶이 있으므로
깊은 내면으로 빠져드는 철학도 아름답다.

*철학자의 길 : 독일 하이델베르그에 있는 길

로렐라이 언덕

로렐라이 언덕은 바람에 흔들리고
노래는 라인강을 따라
고요히 흘러가고 있다
아름다운 집들은 예쁘게 단장하고
언덕을 바라보고 앉아
깊은 상념에 잠겨있다
오랜 세월 지켜온 언덕
맑은 태양의 햇살 아래 벤치는
빈 몸으로 한낮의 졸음을 졸고있고
떠도는 여행은 여유롭다.

문경새재

과거 급제에
낙마한 사람들의 눈물이
비가 되어 내리고 있다
가슴까지 젖어 오는 문경 빗줄기는
계곡을 적시고 흘러가고
풍경이 젖고
시가 젖고
추억까지 비에 젖고 있다
먼 예날 사람들의 희망으로
채워진 길을 걸어 본다
길은 하나의 목적을 위해
지금은 목적 없이
비에 묻은 문경새재는
온통 회색 세상으로 덮여있고
눈앞의 풍경은 지나간 날을
보여주고 들려준다.

신도시

하늘로 밀어 올린 아파트
숨 가쁜 삶이 생활을 웅켜쥐고
매일 아침 일회용 하루를
주머니 속에 구겨 넣고 출근한다
줄줄이 늘어선 차량 앞에
희망의 초록 신호등 켜지면
머리속엔 가족이 자리 잡고
직장의 터전으로 몸을 돌진한다
빽빽하게 늘어선 빌딩 숲
그래도 하늘은 누구나 가질 수 있게
항상 열려 있다.

들판

야생화 위를 지나는 바람에게서
징기스칸의 말발굽소리 들리고
거친 벌판에서는
그들의 용맹이 달리고 있다
화려했던 전성기는 묻혀버리고
이곳을 찾는 이들만
옛날을 그려본다
원대한 꿈은
무한한 지평선으로 이어져 있고
징기스칸의 야망은
세월을 허망하게 한다.

작곡가

테이블 위의 녹차는
천천히 음악을 우려내고 있다
음악이 없었다면
인생의 즐거움과
고통도 없었을 작곡가
그들이 입고 다니는 봄은
온통 음률로 가득 차 있고
바라보는 세상은
음악으로 번져있다
달맞이 언덕 찻집에서
은은하게 들려오는 수부들의 합창
물길 건너 들려온다
고단한 수부들의 삶에
힘든 숨소리 보인다
하늘에서 울려오는 합창
지구 끝까지 퍼져가고
세상을 감동으로 포옹한다.

대사찰

대웅전 앞 용머리 조각물은
노을에 걸쳐져 있고
진신사리가 있어
불보사찰로 불리는 통도사는
침묵에 잠겨있다
신선한 소나무 숲 사이로
부처의 선한 바람이
많은 사람들의 얼굴을 어루만지고
내일을 위해 길을 내준다.

독립운동가

나라 잃고 떠돌다 떠난 소망이
풀잎 가을 바람으로
가볍게 내려와 앉아 있고
그들의 영혼은
구름 위에 편안히 누워서
한반도를 흐르고 있다

"내가 죽거든
 조그만 비석에 눈 하나만 새겨달라
 죽어서라도
 일제 망하는 꼴을 볼 수 있도록"

그 말을 남긴 조만식 선생
그들의 흘린 피가
지금의 한반도 햇살을 되찾고
누렇게 익은 들판의
풍요를 지키고 있다.

자매

먼저 가버린 자매는
자고나면
피었던 자리의 흔적조차
사라지고 마는
들판에 피었던 꽃이었다
같이 자랄 때의 추억은
노을처럼 사라져 어둠에 묻히고
웃고 즐기던 기억은
헝크러진 모양으로
머릿속 한쪽 구석에 그늘져 있다
유년기는 금방 지나가는 바람이고
인생은
시골의 간이역처럼
잠간 정차하고 떠난다
그냥 사라져 버리는 날들이
구름을 타고 흘러가고
남는 마음은
소리없는 굳은 바위가 된다.

가을 억새

고단한 생활을 버리고
억새풀이 되어
산에 버티고 서 있다
산 그림자 길게 내려올 때
어둠과 함께
몸을 눕히려 애써 보지만
마음 뿐이다
달빛에 하얗게 무리지어 서서
여린 마음을 흔들리며
바람에 이리저리 맡겨본다
가을 산 내음이
머리 속에 가득 찬다.

희미한 생각

오늘 따라 새삼 유년시절이
부분 부분 모자이크 된다
파스텔 톤으로
서서히 지워지는 지나간 날들
살아가는 생각이 달라지면서
바라보는 세상도 열어졌다
차츰 차츰
추억이 덧칠해지고
두텁게 쌓인 추억은
흐르는 강이 되어
잡을 수 없는 바다로 흘러가 버렸다
멀리 떠나 온 시간만큼
오늘은 길게 사랑하리라.

그림 한 점

마음의 풍경으로
우주를 담는 화가는
자신의 시야로
붓 끝에 꿈을 묻힌다
차분하게 착색된 캔버스
섬세하고 치밀한 채색묘사는
화면을 꿈으로 가득 메우고
순도 높은 완성도로 이끈다
영혼이 숨겨진 그림
갤러리에 전시된 한 점의 풍경화는
어느새 가슴에 들어 와
맑은 하늘이 되어 있다.

타프럼 사원

허무와 폐허의 미학
캄보디아에 폐허가 된 사원들
과거가 되어 버려져 있다
자야바르만 왕의
어머니를 위한 불교사원은
무너진 석재들의
잃어버린 시대를 그리워하고
화려했던 크메르 왕조의 돌이
발길에 힘없이 채인다
세월의 무상함은
걸어가는 길을 가로막고
석재들만 번성했던 과거를
묵묵히 지키고 있다.

시를 다듬다

詩는 무지개 타고 하늘을 너머
가슴에 내려앉는다
힘들게 힘들게
반짝이는 언어를 찾아서
마음에 들게 줄을 세워본다
때로는 슬프기도 하고
때로는 기쁘기도 했던 詩들이 모여
하늘을 적시고
오늘을 가슴에 적신다.

성묘

가을의 끝 무렵과 같은 어머니
생각만으로도 가슴이 아려온다
추수가 다 끝난
허허로운 들판 위에
구름으로 누우신 어머니는
마음속의 유년으로 영원히 남고
품어도 품어도 넓은 사랑
예년엔 미처 모르고
세월 속으로 사라져 갔다
발걸음 돌리는 성묘길에
바람이 잊으라고 하는 소리
귀에 들려온다
먼 시선 닿는 곳에는
바다가 생전에 살아 온
한 인생을 지켜보고 있다.

스켓치

내몽고 들판은
모든 생명을 품고
땅에 묻혀 산다
여리디 여린 야생화부터
우람한 나무까지
맑은 공기에 담겨있고
징기스칸 후예들의
용맹한 영혼이 산소가 된다
끝없는 대망은 사라져
대지는 움직임 없이 사색하고
햇살이 풀잎에 내려앉아
한낮의 낮잠을 즐기고 있다.

우체통

20년간 보낸 연서 5000통은
우체국 유리창 너머로 사라지고
청마 선생의 애절한 사랑만
우체통이 지키고 있다
파도를 보며
길을 걸으며
하늘을 올려다보며
밥을 먹으며
사랑했던 그리움
영원히 남아 있고
한 남자의 목마른 사랑이
아름답고 슬픈
詩를 마구 쏟아 내었다
세상을 향해
통곡하는 통영 바다의 핏빛 절규는
세월의 덧없음에 무심하다.

초가을

가을 나뭇가지 잎에
그리움이 가득 매달려 있고
바람에 추억이 흔들린다
뜨거운 태양에
지구가 녹아 흘렀는 여름이었어도
가을은 변함없이
나의 방문을 찾아왔다
반복되는 일상의 모든 것을
미련없이 벗어 던져 버리고
떠나고 싶은 오늘
끝이 보이지 않는 지평으로 가서
그곳에 아름다운
詩의 나무 한 그루
외롭게 심어 놓고 오고 싶다.

전혁림 미술관

한국의 피카소
그의 집에는 원색이 가득하고
그림엔 피카소가 들어있다
통영 바다의 광기가 화폭에
담겨져 있고
독학의 고독한 삶이
붓의 끝에 강하게 매달려 있다
짙은 색은 화가의 그늘이고
못 다 한 꿈이
미술관에 퍼져있다.

거인

비진도 방향의 수려한
품을 가득 안고 누우신
거인 박경리 선생
통영의 바다는 선생의 가슴 속에
평생 푸르게 멍들이며
그리움을 마음에 묻었다
그 바다는 생전에
무한한 상상력이 날개를 달고
바다만큼 깊은
문학을 토해 내었다
모진 세월을 뒤돌아보며
살아선 늙으셔서 편안하고
지금은
모든 것을 손에서 놓아버려서
더 편안해 보인다.

비 오는 날의 연밭

연잎에 비 떨어지는 소리
누군가 문을 일정한 간격으로
두드리며 노크하고 있다
비 오는 날의 철마 연밭은
우수에 젖어 있고
손바닥 마다에
유리구슬 올려놓은 연꽃은
눈물을 안으로 삼키지 못하고 있다
안개에 쌓인 연밭 사이 길로
무수한 사람의 발자국
그리움이 되어 남아 있고
홀로 연밭을 지키는 원두막은
그들의 추억을 간직하고 있다.

운주사

흩어져 널부러져 있는
천불 천탑의 계곡을
바람이 천천히 이야기하며 걸어가고
무등산 한 줄기 아래
남북 방향으로 뻗은
두 산등이 계곡이
서로 마주보며 이야기 한다
와불이 북극성이 되고
사찰에 자리잡은 석탑들이
별자리와 눈 맞추며 중심잡고 있다
사람들 돌무더기 쌓아놓은 탑에서는
기원의 소리 들린다.

아라가야 연꽃

화석이 된 그대
칠백년 깊은 잠에 들었다가
함안 옛 이름 아라가야
박물관 앞 연못에서 깨어났다
연꽃이 씨앗에 꽃을 피워
화려한 자태로 얼굴 붉히고 있다
고려 여인이 시공을 넘어
홍련으로 태어나
이십일 세기 햇빛을 살고 있다
여인으로 살기에는 너무 우울하여
이제 다시 태어났는가
펼친 치마폭에 옥구슬 올려놓고
하늬바람에도 쉬이 흔들리며
눈 뜬 봄빛을 즐기고 섰다.

미래의 화가

모네의 소녀는
섬세하고 청순한 미소 지으며
사람들을 반기고 인사한다
무리지어 움직이는 감탄의 눈동자엔
별들이 가득하다
화가의 꿈을 키우는 아이들
이 무리 속에는 분명
미래의 화가가 숨어 있다
붓으로 말하고 물감으로 행동하며
나와 남에게 아름다움을 선물하는
그 모습 뒤에는 자신과의 싸움으로
고통과 고뇌를 같이 하여도
자라나는 아이들과
화가의 길을 가길 바란다.

부처바위

오랜 세월을 묵묵히 침묵하고
명상에 젖어있는
경주 동남산의 사면 부처바위
탑곡 마애조상군은
숲에 둘러 쌓여
억척같은 세월을
무던히 이겨내고 있다
마애삼존불의 여유로움
마음에 담고 돌아서는 발걸음은
느림의 미학을 느끼게 한다.

서해 일출

하루를 여는 하늘은 외롭고
스쳐지나가는 세월의 무심함이
산야를 구석구석 비춘다
새색씨같이 수줍게 올라와
서해의 일출이 왜목마을을 비추고
소박하고 서정적인 풍경은
액자틀에 넣어진 그림 한 점이다
퍼져나가는 공허함
온 몸에 와 닿고
만남과 헤어짐이 반복되는 하루를
유정 무정으로 느낀다.

수목원

수목원식물들은
사랑과 꿈을 나누며 큰다
희귀식물들이 모여
서로 제 몸 자태를 자랑하고
한옥과 숲이 어우러져
노래를 한다
늙은 나무의자는
바다를 바라보며 앉아
지나온 세월의 기억을 더듬고
우리의 걸음에 휴식을 준다
돌아서 나오는 길에
들풀이 낮게 손 흔들며
마음으로 인사를 한다.

소원

금정산성 마을에서 자고 일어나보니
온 마을이 흰색으로 덮여있다
첫눈도 깨끗하고 아름다운 마을을
찾아서 내려 왔다
잃어버린 고향같은 마을
뽀드득 뽀드득 신발이 노래하며
걸어가는 아침 산책길 옆
휘어진 소나무 사이로
바람이 시샘하여
눈을 떨어뜨린다
산 아래 세상 잊고
이곳에서 일 년만
골방 하나 얻어 모든 잡념 버리고
詩를 쓰고 싶다.

어촌의 삶

비린내 안고 사는
대변항의 멸치 털이는
음률에 맞추어 그물이 춤을 춘다
그을린 얼굴엔 웃음이 있고
버티고 서서 흔드는 몸짓 건강하다
은빛의 햇살은 눈부시고
억척같은 팔에
가족의 꿈이 매달려 있고
미래가 있다
풍요의 바다와 등대가
어촌을 지키고 있다.

사라져 가는 땅

천백 구십 두 개
인도양의 섬 나라
작은 산호섬 몰디브는
물에 점점 가라앉는다
세상이 싫어 바다 속으로
몸을 자꾸 숨기려하고 있다
억척같은 땅은 지구에
건강하게 서 있고
여리디 여린 섬은 사라지고 있다
그러면 우리는 차츰 차츰
날개를 달고 살아야 한다
이곳 저곳을 날아다니며
詩를 쓰고 살아야한다.

메타세콰이어

꿈이 하늘에 닿는 나무 사이를
영화 속의 주인공이 되어
휘파람 불며 걸어본다
푸른 잎은 여름을 노래하고
나뭇잎에는 사랑이 매달려 놀고 있다
나무의 굵기 만큼
사랑한 사람과
시원한 하늘에 머리카락 날리며
녹색 사이를 날아본다.

선비의 길

새도 날아서 넘기 힘 든
문경 새재 조곡관
흙길이 오래된 그대로의
옛 모습엔 정이 쌓여있고
조곡폭포 시원한 물은
발걸음을 쉬게 한다
희망찬 미래의 꿈을 품고
과거 보러 가는 길
지금의 우리도 詩를 쓰는 선비되어
같은 꿈을 안고 걷는다.

두보의 초당

청두에 있는 검은 대나무 숲에
삶의 애환이 묻혀있다
허술한 두보의 초당엔
청빈한 시인이 4년을 머물며
240편의 詩를 썼는 손이 보인다
대나무 잎마다 詩가 매달려 있고
잎을 건드리며 지나가는 바람에는
시인의 고뇌가
같이 흔들리고 있다.

과거와 현재

내몽고 게르 안에는
유목민의 영혼이 살고 있다
드넓은 초원을 달리던
말발굽은 하늘을 향하고 있고
영웅 후손은
가난을 몸에 걸치고
힘없이 내일을 향해
걸어가고 있다
번영과 몰락이 교차하는 곳
밤하늘의 별들만
옛날을 잊지 않고
빛을 발하고 있다.

빈터

봉화산 기슭에 갓을 쓴 석불은
산천을 품에 안아도
세월의 눈물에 밤을 뒤척인다
사라지고 없는 곳에
석탑과 석불 입상 셋만
절터를 지키고
허무한 바람이
지나간 흔적을 보인다
염원의 소리 공간을 맴돌고
목탁 소리가 석불을 뒤로 한 채
천천히 적막 속으로 떠나간다.

카라얀

그 사람만의 몸짓은
하늘을 날고
그의 지휘는
강한 태풍의 파도를 탄다
베를린 필하모니 오케스트라의
거대한 음향은 지구를 흔들고
몸을 마비시킨다
고독의 도피처였던 음악은
다듬어진 화려한 슬픔을
하염없이 세상에 쏟아 놓는다.

전설

봄 햇살 내려앉은 바다 위로
용궁 다녀온 토끼와 거북이가
섬이 되어 반기네
토끼가 날아가는 비토는
별주부전의 전설을 안고
넓게 펼쳐진 갯벌에
이야기를 풀어놓고 있다
쏟아지는 햇살의 자유는
전설이 있기 전부터
평온을 노래한다.

바다풍경

파란색 물감을 풀어놓은
짙푸른 바다에는
한 잔의 커피에 담긴
정취가 담겨있고
커피향이 깔려있다
구석구석 아름다운 나라
금수강산을 한 바퀴 돌면
가슴 속까지 시원한
내안의 바람이 분다.

필경사

찾아주는 발길 없이
바람만 서성이고 있는 필경사는
상록수의 감동과 함께
심훈 선생의 향기로 가득하다
송악의 땅은 과거로 돌아가고
마당을 서성거린 선생의
고뇌가 바람결에 스쳐온다
저항 시인이자 소설가의
힘든 숨결소리는 우주를 흔들고
앞서서 간 문인의 세월은
지금 우리에게 굳건한 기둥이 되었다.

발문

보헤미안, 낯선 그리움

강 영 환 (시인)

■발문

보헤미안, 낯선 그리움

강 영 환 (시인)

1.

그때가 1974년인가? 정확한 기억은 아니다. 광복동 입구 피노키오 다방에서 시화전을 열고, 시낭송회를 하고 젊은 패기를 모아 동인지를 출간하였던 때, 그리고 청마 유치환 묘소가 에덴공원 산 정상에 있을 때 묘소 가꾸기 모금운동을 펼쳐 나무를 사서 묘소와 시비 주변에 심기도 하고, 주변 돌을 모아 무너진 석축을 쌓기도 하고… 그렇게 대학생활을 멋지게 보내면서 자정문학동인회라는 한 울타리 속에서 문학을 아니 시를 통해 돈독한 우의를 쌓아가던 때가 있었다. 함께 했던 멤버들 가운데 아직도 시를 놓지 못하고 붙들고 있는 이는 아마도 백시인과 나 뿐이 아닌가 여겨진다. 물론 내적으로는 시에 대한 미련을 버리지 못하고 있는지 모르겠지만 등단을 하고, 시집을 출간하고, 문학적 활동을 직접하는 것을 볼 때 말이다. 그때로부터 참 많은 시간이 흘렀다. 생활전선에서 좌충우돌하다보니 문학적 열정은 뒤로 숨어버리고 그러다보니 만남도 뜸하게 되었다. 어떻게 가정을 꾸렸는지부터 자녀를 혼인시키기까지 서로 연락이 닿지 않았다. 근 30여년의 세월이 지난 뒤에서야 몇 사람이 연락되어 겨우 일 년에 한두 번꼴로 만나는 사이가 되었을 뿐이다. 그래도 젊은 시절 자갈치 시장 난전에 앉아 꼼장어를 안주하여 소주잔을 나누며 열을 내어 토론하던 때가 그립고, 혹은 음악다방 백조나 오아시스 같은 곳에서 토해내던 시에 대한 열정이 아직 철 지난 잔설처럼 남아 있기에 만나면 즐겁고 행복한 시간들이 눈앞에 펼쳐지는 것은 어쩔 수가 없다. 〈자정〉은 그렇게 흘러 갔고 백지영 시인과 나는 대학시절 문학 동아리 〈자정〉에 함께 몸담았던 문우였다.

오늘 따라 새삼 유년시절이
부분 부분 모자이크 된다
파스텔 톤으로
서서히 지워지는 지나간 날들
살아가는 생각이 달라지면서
바라보는 세상도 엷어졌다
차츰 차츰
추억이 덧칠해지고
두텁게 쌓인 추억은
흐르는 강이 되어

잡을 수 없는 바다로 흘러가 버렸다
멀리 떠나 온 시간만큼
오늘은 길게 사랑하리라.

「희미한 생각」 전문

백지영 시인은 고교시절 때부터 활동해 오던 〈전원문학회〉 멤버다. 그 당시 부산에서 전원문학회는 고교에서 문예반 반장들이 주축이 되어 만든 연합 써클로서 내로라하는 쟁쟁한 인물들이 회원으로 소속되어 있었다. 아직도 〈전원〉은 그때 멤버들이 모임을 지속하고 있다고 들었다. 일찍부터 시문학에 눈을 뜬 백지영씨를 만난 것은 대학 재학 때 〈자정〉이라는 문학 동아리에 들고부터다. 나는 백지영씨가 그 당시 여학생들의 흔하고 평범한 이름보다 무척 세련된 이름을 가졌다고 생각했다. 그녀는 문학세계에 대한 발언에도 당당하였뿐 아니라 내가 모르는 문학에 대한 담화들도 많이 알고 있어서 한편으로는 부럽기도 했다.

백지영은 그림을 전공하고 있었고, 늘 보헤미안 스타일로 옷차림을 하고 있어서 참 자유로운 영혼일 것이라고 생각했다. 그때는 군사독재로 유신체제가 막 시작되었을 때였고, 대학생들로는 딱히 돌파구를 찾지 못해 당시 유행했던 히피족 흉내를 어설프게 내던가 아니면 백조다방이나 무아음악실 같은 곳에서 고전음악에 심

취해 자아를 잃어버리고 싶었던 것이 대부분 할 일이었다. 지금 젊은이들처럼 처절하게 직장을 구하기 위해 공부에 매달릴 필요도 없었고 대학을 졸업하면 어디든 당연히 취업이 되던 때였으니까 낭만을 구가하며 젊은 이상에 맘껏 젖어 민주와 자유에 대한 가치를 뜨겁게 토론할 여유도 있었다. 그러나 무엇인가에 쫓기기는 지금 학생들과 마찬가지였다. 젊었기에 충족되지 못한 아픔은 예나 지금이나 한 가지가 아니겠는가.

2.

정말 장황하게 70년대 젊은 학창시절을 회고해 보았다. 백 시인의 작품을 읽으면 자연스럽게 그때가 떠오른다. 그의 시가 그 시절 보헤미안적인 정신을 다분히 담아내고 있기에 더욱 그런 것이라고 나름 생각해 본다. 어쩌면 낭만주의적인 사고의 틀을 벗어나고 싶지 않은 심정의 발로들이 이 한권의 시집에 담겨져 있다고 보면 좋을 것 같다. 여행을 통해 삶의 돌파구를 찾고 현실의 어두운 면을 바라보며 내면에 퇴적되어 있는 현실에 대한 부조리를 담담하게 끌어내면서 새로운 유토피아를 갈망한다. 그래서 그의 시에는 늘 시간과 공간이 배경보다 무거운 아우라로 시를 지배한다. 시공을 초월하는 삶, 그 낯선 곳을 여행하는 것이며 그 일은 곧 예술가들과의 만남을 통해 그가 꿈꾸는 세계로 진입을 시도하고 있는 것이다.

내 걸어온 길은 문신이 되어
지워지지 않는 추억이
숲속 낮은 음악이 되어 흐른다
한 잔 검은 그림자에 담긴
깊은 하늘을 음미하며
뒤돌아 보아지는 눈물과 함께
사라져버린 시간을 마신다
함께했던 사람들도 잔 속에서
지나온 길을 추억하며 걸어가고
오늘 마시는 이 한 잔도 어쩌면
과거로 지나간 시간 속에서
어둠과 같이 묻힐 것이다

「한 잔의 커피」 전문

이 시를 읽으면 당시 부산에서 유명했던 클라식 다방이었던 백조나 오아시스, 무아 음악실이 생각난다. 베토벤 9번이나 스트라빈스키에 젖어 소파에 깊숙이 몸을 묻고 백지 위에 무언가를 긁적거리던 때였다. 전봉래 시인이 운명 교향곡을 들으며 스타다방에서 자살했다는 전설적인 이야기를 자주 들먹이곤 하던 때였다.

이제 벌써 지나간 시간을 회상하는 나이가 되었을까. 그의 시에는 과거 회상적인 작품이나 그렇지 않은 작품들 속에서도 중심축이 과거로 이동되는 작품들을 쉽게 볼 수 있다. 〈그리움〉이란 관념어가 상습적으로 등장하는 것을 보아도 회상의 낌새를 충분히 감지해 낼 수 있다할 것이다. 지나간 것은 언제나 그립고 아름답다. 설혹 그것들이 핏빛 아픔일지라도 도달하지 못한 언덕은 늘 무지개가 걸리고 이루었던 일들은 다시 '한 번 더' 라는 안타까움을 수반하면서 안개 속에서 아련하게 심성을 자극하게 마련이다. 그가 인식하는 공간이다.

백 시인의 시는 시적 표현이나 형상화보다는 메시지 전달에 더 비중을 두고 있는 것 같다. 그래서 다소 산문적인 표현들이 주류를 이루고 있기도 하다. 그러나 전체적으로는 시적 포에지를 획득하고 시와 공간이 지닌 아우라를 전달한다. 표면적으로 드러난 메시지를 통해 시인이 전달하고자하는 의미를 찾는 데는 어렵지 않다. 1차적인 감성으로도 접근이 가능한 작품들은 친근하고 쉽게 읽혀진다는 것이다. 어쩌면 상식적인 의미들이 신비평가 그룹이나 러시아 형식주의가 제창한 낯설게 하기와는 좀 거리가 느껴지는 것이 솔직한 모습이라고 본다. 이런 편안한 시가 좋게 느껴지는 건 나이 탓만은 아닐 것이다.

내 안에는 아마도
벌판을 거침없이 달리던

기마민족의 유전자가 있을 것이다
바람을 가르며
야생화 들판을 지나
끝없는 지평선을 향하여
달려본다
그러다가 낙조를 만나면
지는 해와 함께 쓰러져
기울어지는 해에
붉은 구름과 함께
어디론지 방향도 모를 곳으로
함께 흘러가 보고 싶다.

「소망」 전문

이 시에서 화자는 자신의 내면에는 기마민족의 유전자가 흐르고 있다고 진술한다. 바람을 가르고 야생화 들판을 지나 지평선을 향해 달려간다. 그것도 해가 질 때까지 몸이 허락받은 한도 끝에 다달아 본다. 그것은 목적을 정해 놓고 가는 계획적인 방황이 아니라 방향도 없이 그냥 떠도는 전형적인 짚시의 삶, 그것이다. 예술가들은 갈망한다. 자유를 찾아서 자유가 주어지는 곳으로 무작정 가는 것이다. 어쩌면 숙명으로 보일 수 밖에 없는 예술혼을 위해 절대적으로 방황해야 하는 것이다. 그렇게라도 시를 통해 내면의 갑갑함을 토로해

놓지 않으면 이 압박하는 현실을 견딜 수가 없다. 그래야 예술을 세울 수 있기 때문이다. 예술은 결국 낯설게 하기 아니던가. 낯설게 하려면 낯선 곳으로 가야 한다. 낯선 곳을 찾아 현재 있는 여기가 더 낯익기 전에 새로운 유토피아를 찾아 떠나야 하는 숙명을 예술가는 지녔다.

백 시인의 보헤미안 적 기질이 찾아낸 것은 여행이다. 생활에서 일탈을 꿈꾸는 시인은 허락을 받고 떠나는 여행이 차선이다. 낯선 곳을 다니며 재충전을 통해 새로운 세계를 꿈꾸는 일은 모든 예술가들의 로망이 아닐까. 자유로운 영혼이 가닿은 곳은 특별한 의미를 주기도 하고 평범한 장소일지라도 시인이 스스로 특별한 의미를 불어 넣기도 한다.

그가 섭렵한 여행지를 따라가 본다. 이 시집에 시로 형상화된 여행지보다 그가 다닌 여행지는 더 많겠지만 우선 시에 등장하는 국내 지명으로는 서해 한진 포구, 죽녹원, 독립기념관, 문텐로드, 지리산, 연평도, 낙안읍성, 함양 상림공원, 불회사, 양평 수종사, 선운사, 양산 통도사, 철마 연밭, 화순 운주사, 함안 가야읍, 경주 남산, 일출이 보이는 서해 왜목마을, 수목원, 금정산성, 기장 대변항, 문경 새재 등이다. 해외로는 티벳 시가체, 중국 용문산과 향산, 홍석협곡, 운대산, 로카찬타 파고다, 차웃타지 와불, 테카포 호수, 뉴질랜드 거울호수,

미얀마 정원, 달라섬, 밀포드 사운드, 미얀마 차이나 타운, 인도 바라나시, 노산, 인도 갠지스 강, 오키나와, 독일 하이델베르크 철학자의 길, 로렐라이 언덕, 몽고 초원, 내몽고 들판, 타브럼 사원, 두보초당 등등 이 밖에도 시로 씌여지지 않은 숱한 장소와 타국들이 더 있을 것이다.

그는 죽어 땅에 묻히지 않고
비디오 속으로 들어갔다
하늘에서 떨어지는 레이저 광선은
보는 이의 영혼을 씻어주고
비디오 조각 모음의 형태는
우리의 마음을
한 곳으로 쏠리게 한다
예술가는 세상을 바꾸고
사람을 바꾸고
없는 것에서 있는 것으로 변화 시키는
위대한 바람이며
위대한 태풍이다.

「화가 백남준」 전문

예술가들에 대한 섭렵은 또 한 편으로의 여행이다. 어쩌면 예술가들을 찾아 떠나는 여행이 시인의 삶에서 가장 큰 행복으로 다가서는 것도 그 예술가의 기질을 섭렵하고자 하는 마음 때문은 아닐까. 이 시집의 특징적인 모습이다. 이 시집에 등장하는 예술가들을 살펴본다면 아방가르드 예술인들, 백남준, 화가 헨리 밀러, 거리에서 음악을 하는 예술인들, 화가 달리, 시인 괴테, 화가 세라핀, 철학자 헤겔, 야스퍼스, 청마 유치환, 화가 전혁림, 소설가 박경리, 화가 모네, 시인 두보, 지휘자 캬라얀, 소설가 심훈 등이다. 여행에서 만난 예술가들일 수도 있고 스스로의 요구에 의해 찾아간 예술인일수도 있다. 그들은 방황하는 영혼을 소유한 예술가들이다. 백 시인도 그들의 예술을 사랑하면서 그들을 닮고자하는 욕구를 지닌 것은 아닐까.

백 시인은 시인이기 전에 화가다. 생업으로 삼고 있는 직종이 그림이기 때문에 화가로 분류하는 것이 맞다. 그는 동양화를 그린다. 대상이 화폭에 선명하게 담기는 산수화를 주로 그린다. 추상화하고는 거리가 멀다. 구체적인 이미지를 드러내는 일에 익숙하다. 그의 그림처럼 시도 선명한 형태를 보여 준다. 안개로 감추거나 여백으로 남기거나 하는 일 없이 드러내놓고 보여준다. 가식이 있을 수 없다. 시원스러운 비유이기에 고민할 필요없이 읽혀지는 작품이라고 보면 될 것이다.

마음의 풍경으로

우주를 담는 화가는
자신의 시야로
붓 끝에 꿈을 묻힌다
차분하게 착색된 캔버스
섬세하고 치밀한 채색묘사는
화면을 꿈으로 가득 메우고
순도 높은 완성도로 이끈다
영혼이 숨겨진 그림
갤러리에 전시된 한 점의 풍경화는
어느새 가슴에 들어 와
맑은 하늘이 되어 있다.

「그림 한 점」 전문

자신이 그려내는 그림에 대한 생각을 담아낸 시다. 나는 그렇게 늘 말했다. '그림은 색채와 형상으로 그려낸 시이며 시는 언어로 그린 그림이다'는 말을 가감없이 한다. 어쩌면 그것은 내가 가장 신봉하는 시작법일지도 모른다. 그러니까 이미지를 애매한 관념어보다는 구체적인 언어로 표현하라는 뜻이다. 그래서 관념은 그림으로 그릴 수 있는 언어로 형상화 해야 한다는 말이다. 시에서 순도 높은 완성도에 이르려면 섬세하고 치밀한 채색묘사를 해야 한다는 것과 같다. 그림도 자신의 시야가 중요시 되는 것처럼 곧 시에 대한 생각도 이

러하리라. 가슴에 들어와 맑은 하늘이 되는 그림이 되어야 완성도 높은 그림이라는 의미다. 그것은 곧 감동을 전해 주어야 한다는 말이다. 감동을 주지 못하는 그림은 영혼이 숨겨져 있지 않는 그림이다. 자신의 영혼을 담아야 독자들 영혼에 감동을 줄 수 있다. 시도 그렇다. 예술은 궁극적 목적이 동일하다. 미를 통해서 삶의 본질에 닿을 수 있는 것, 시로 말하면 언어를 통해서 전달하는 세계관으로 독자들에게 감동을 전하고 그 감동이 주는 세계를 통해 행복감을 전하는 예술이 시인 것이다. 백 시인도 아래 시에서 그렇게 인식하고 있음을 볼 수 있다.

詩는 무지개 타고 하늘을 너머
가슴에 내려앉는다
힘들게 힘들게
반짝이는 언어를 찾아서
마음에 들게 줄을 세워본다
때로는 슬프기도 하고
때로는 기쁘기도 했던 詩들이 모여
하늘을 적시고
오늘을 가슴에 적신다.

「시를 다듬다」 전문

가슴에 내려앉고 가슴을 적시는 시야 말로 훌륭하고 아름다운 시다. 그의 시는 하늘을 넘어 무지개 타고 온 반짝이는 언어로 마음에 들게 줄을 세운 것이라고 했다. 기쁨을 주기도 하고 슬픔을 갖기도 한 그 시편들은 하늘을 감동 시키고 독자들의 가슴을 감동 시킨다. 그것이 시다. 하늘과 사람을 감동 시키는 것, 그러기에 상식으로는 감동에 이르게 할 수 없다. 시는 상식 이상이어야 하고 낯선 것이어야 한다. 낯익은 것들은 아무런 감동을 주지 못한다. 우리가 여행을 하여 새로운 풍경에 열광하는 것도 그 풍경들이 지금껏 보지 않았던 낯선 풍경이기 때문에 그럴 것이다.

화석이 된 그대
칠백 년 깊은 잠에 들었다가
함안 옛 이름 아라가야
박물관 앞 연못에서 깨어났다
연꽃이 씨앗에 꽃을 피워
화려한 자태로 얼굴 붉히고 있다
고려 여인이 시공을 넘어
홍련으로 태어나
이십일 세기 햇빛을 살고 있다
여인으로 살기에는 너무 우울하여
이제 다시 태어났는가
펼친 치마폭에 옥구슬 올려놓고

하늬바람에도 쉬이 흔들리며
눈 뜬 봄빛을 즐기고 섰다.

「아라가야 연꽃」 전문

칠백년 된 씨앗이 발견되어 심었더니 연꽃이 피었다. 오래된 씨앗이 연꽃으로 피었다는 사실에 사람들은 놀랍고 흥분했다. 칠백년 전이면 고려 시대다. 그때 씨앗이 잠에 들었다가 다시 깨어나 꽃을 피운다는 사실은 무척이나 경이롭다. 어찌 그런 일이 있을 수 있는가. 우리들 상식으로는 이해되지 않는 엄연한 현실 속 사실이다. 시인은 새롭게 피어난 연을 그때 살았던 여인으로 의인화하여 시대적 우울과 연관시켜 표출하였다. 여인으로 살기에는 너무 우울한 고려 시대 그리하여 잠에 들었다가 환생하여 다시 이 시대에 연꽃이 되는 여인은 시대를 초월하는 시간과 공간을 초월하는 영원한 존재일 수 있다.

700년을 기다렸다가 꽃을 피우는 씨앗, 치열함이 극에 달하지 않은 것인가. 칠백년 전의 씨앗이 꽃을 피우는 것이 시다. 그것은 치열함이다. 백 시인에게 필요한 것은 그런 치열함을 발견하는 일일 것이다. 여행 중에 느꼈던 혹은 찾아낸 '가난' 이 내포한 치열성을 독자에게 되돌려 주는 것처럼 어떤 메시지 전달을 통해 느꼈던 세상의 의미를 독자에게 전달해야 한다. 발견으로

끝나서는 아무런 의미가 없다. 시인이 사라진 관찰자적 시점밖에 남지 않는다. 예술은 치열함 속에서 새로운 세계를 획득할 수 있다. 예술은 재현이 아닌 새로움을 만드는 작업이라고 볼 때 그 새로움을 얻어내지 못하면 예술일 수가 없다. 결국 그림그리기와 시쓰기는 같은 것이다. 안이함 속에서는 또 다른 세계가 만들어지지 않는다. 예술가들은 또 다른 세계-유토피아를 꿈꾼다. 한 편의 좋은 시가 주는 행복감 그것은 바로 다른 세계를 만나는 즐거움 속에서 만들어진다. 백 시인이 숱한 여행에서 보고 듣고 느낀 것들은 새로운 창조에 기여하게 될 것이다. 백 시인이 '아라가야 연꽃'을 끌어안을 수 있는 시각이 앞으로의 시에 희망을 갖게 해준다. 시집 발간을 축하하며 새롭게 다가 설 치열함을 위해 가슴앓이하는 시인을 보고 싶다.

백 지 영 시인

* 부산 출생
* 동아대학교 문리대 회화과졸업 (1975년)
*《문예한국》 등단 (1996년)
* 부산문인협회 부회장 역임
* 부산시인협회 부회장 역임
* 부산여성문학인회 회장역임
*《전원문학회》 회장역임
* 중등 미술교사 역임
* 현재 : (사) 한국문인협회 해양문학 연구위원
《청술레》 동인
* 시집 : 『수묵시첩』. 『시와누드』. 『바람이 부는 날에는 미술관으로 간다』
* 수상 : 〈문예시대〉 작가상 수상 (2008년)
부산여성문학상 수상 (2011년)